LETTRE

D'UN
ACADEMICIEN
DE BERLIN
À UN
ACADEMICIEN
DE PARIS.

A BERLIN,

Chez ETIENNE DE BOURDEAUX
LIBRAIRE DU ROY ET DE LA COUR.
M D C C L I I I.

DEpuis qu'il y a eu des gens de lettres, il y a eu des diſputes, parce qu'il eſt libre d'avoir des ſentimens differens, & que chacun croit avoir de bonnes raiſons pour ſoutenir les ſiens; mais ce qu'il y a d'humiliant pour l'eſprit humain, ce ſont ces animoſités excitées par l'envie, ces libelles, ces injures, ces calomnies atroces, dont les petits génies tâchent d'accabler la mémoire des grands hommes.

A 2

[4]

Ne penſez pas, M. que ce ſoit moi qui ai à me plaindre ; la médiocrité des talens eſt comme un rempart qui défend contre les incurſions de l'envie ; il s'agit de M. de Maupertuis, notre illuſtre Préſident : ſa ſupériorité, ſon génie, ſes profondes connoiſſances , ont révolté l'amour propre de M. Konig, Profeſſeur en Philoſophie. Ce Profeſſeur ne pouvant s'élever à l'égal d'un grand homme, crut que ce ſeroit toujours beaucoup que de l'abaiſſer ; il diſputa à notre Préſident les découvertes *ſur le principe univerſel de la moindre action*, en ſoutenant que Leibnitz en étoit l'inventeur. M. de Maupertuis demanda des

autorités, il voulut ſcavoir dans
quel ouvrage de M. de Leibnitz
on trouvoit des traces de ces découvertes. Konig , pour ne pas
demeurer court dans cette embar-
raſſante ſituation , produiſit des
fragmens de Lettres ſuppoſées de
M. de Leibnitz. Ce procès littérai-
re, expoſé dans une Aſſemblée de
notre Académie, fut jugé ; & Konig
condamné d'une voix.

Le Profeſſeur , irrité de ſe voir
confondu , & ſur-tout fâché de n'a-
voir pû nuire à un homme que
toute l'Europe admire, non content
de l'accabler d'injures groſſières ,
(la dernière reſſource de ceux qui

n'ont point de bonnes raiſons à alléguer,) s'aſſocia avec des Ecrivains aſſez mépriſables pour s'enrôler chez lui, & pour combattre ſous ſes drapeaux. L'un de ces miſérables, ſous le nom d'un Académicien de Berlin, a fait imprimer un libelle infâme, dans lequel il traite M. de Maupertuis, comme un homme ſans jugement peut parler d'un inconnu, ou comme les impoſteurs les plus effrontés ont coutume de calomnier la vertu.

M. de Maupertuis eſt trop au deſſus de pareilles imputations, par ſon caractère, par ſon mérite, & par ſa réputation, pour qu'il ait lieu de s'en offenſer ; il eſt trop Philoſophe, pour que des injures qui ne ſont que des injures, puiſſent troubler ſon repos ; mais, nous autres Académiciens, nous devons nous élever contre un furieux, qui ſans pouvoir mordre M. de Maupertuis, pourroit bleſſer notre Corps.

Il faut qu'il ſoit clair aux yeux de toutes les Nations qu'il n'y a point parmi nous de fils aſſez dénaturé pour lever le bras contre ſon Pere, ni d'Académicien aſſez vil pour ſe rendre l'organe mercenaire des fureurs d'un envieux. Non, M. nous rendons tous à notre Préſident le tribut d'admiration qu'on doit à ſa science & à son caractère ; nous osons même nous l'approprier, nous le revendiquons à la France : il jouit chez nous pendant sa vie de la gloire qu'Homère eut long-tems après sa mort ; les villes de Berlin & de Saint-Malo se disputent laquelle des deux est sa véritable patrie : nous regardons son mérite comme le nôtre , sa science comme donnant la plus grande splendeur à notre Académie, ses travaux comme des ouvrages dont toute l'utilité nous revient, sa réputation comme celle du Corps, & son caractère comme le modéle de celui d'un honnête homme & d'un véritable Philosophe. Voilà les sentimens de l'Académie en Corps. Voici le langage de l'imposture.

Le soi-disant Académicien anonyme dit que M. de Maupertuis feroit par ses mauvais procédés déserter tous nos Académiciens, s'ils n'étoient soutenus par la protection du Roy. Autant de mots, autant de faussetés : c'est un fait connu de tout le Royaume, & de toute l'Allemagne, que nos plus célébres Académiciens ont été attirés ici par les soins de M. de Maupertuis, qu'il est l'œconome de nos revenus, le distributeur des places vacantes, le dispensateur des gratifications, le protecteur des talens ; & que dans toutes ces différentes parties de son administration il a constamment montré du désintereſſement, un eſprit d'ordre dans la régie de nos finances, du diſcernemeut dans le choix des perſonnes pour remplir les places vacantes, de l'équité dans la diſtribution des penſions & des prix, un attachement ſincère à la gloire de l'Académie, de l'amitié & de la fidélité à chacun de nous en particulier, & une protection toujours ouverte pour ceux qui en avoient beſoin; de ſorte que, loin d'avoir ſujet de nous plaindre de lui, nous lui ſommes redevables pour la plûpart de nos places, de ſes inſtructions, de ſes conſeils,

de ſes lumières, & de ſon exemple.

L'Auteur du Libelle contre M. de
Maupertuis eſt ſans doute très-mal
inſtruit de ce qui ſe paſſe dans notre
Académie, & de l'eſprit qui l'ani-
me : nous n'avons jamais eu de que-
relles, parce que nous n'avons point
donné entrée à l'eſprit de parti :
lorſque nos opinions ſont différentes, cela ne nous conduit qu'aux
diſſertations, & jamais aux diſputes : nous croyons que c'eſt aux Phi-
loſophes à donner l'exemple au peu-
ple ; & que ceux qui cherchent la
vérité de bonne foi, ne ſont point
opiniâtres, moins prévenus d'eux-

mêmes , moins amoureux de leurs penfées , que ces hommes dont l'efprit groffier eft demeuré en friche. Ils tournent toute la fagacité de leur efprit à deviner les énigmes de la Nature ; ils font reconnoiffants envers ceux qui les empêchent de fe tromper , & pleins d'admiration pour ceux dont les lumières les éclairent. Par ces raifons on n'a jamais vû dans nos affemblées de ces fcènes aviliffantes pour un Corps de gens de lettres , comme celle qui à Paris il y a quelques années indigna le Doyen de tous les Académiciens de l'Europe.

Notre prétendu Académicien ,

après avoir débité des menfonges aufli manifeftes que ceux que j'ai rapportés plus haut, ne s'arrête pas en fi beau chemin; & comme fi fon effronterie s'accroiffoit à mefure qu'il répand fon venin, il affure que M. de Maupertuis déshonore notre Académie: pour celui-là, je ne m'y attendois pas : les Anciens ont avec bien de la fageffe appellé les méchans des furieux, à caufe que la méchanceté eft une efpéce de délire qui égare la raifon. Ce faifeur de Libelle fans génie, cet ennemi méprifable d'un homme d'un rare mérite, n'a-t'il pû trouver d'autre calomnie plus apparente dans la ftérilité de fon imagination, qu'une difparate femblable ? N'a-t'il pas compris qu'un crime utile étant révoltant, un crime inutile devient le comble de l'infamie ? Une grossiéreté aussi platte, une proposition aussi absurde, ne merite en vérité pas de réponse. A qui apprendrai-je, qui ne le sçache depuis long-tems, que M. de Maupertuis fut regardé en France comme le Géometre le plus capable de vérifier les vérités que Newton avoit devinées dans son Cabinet touchant la figure de la terre, qu'il fut envoyé en Laponie ; & que par ses opérations géométriques, il contribua autant à sa gloire qu'à celle du Philosophe Anglois, que sa modestie lui faisoit regarder comme son Maî-

[15]

trè ? A qui apprendrai-je , que com-
blé d'honneurs par le Roy de France , il fut appellé chez nous par le
Roy ; que c'est sous sa direction que
notre Académie long-tems languif-
fante a repris une nouvelle vie ?

Est-ce à moi d'instruire le public ,
(déja tout instruit ,) que M. de Maupertuis par ses ouvrages en tout
genre a contribué plus qu'aucun de
nous autres aux Memoires que nous
faisons paroître tous les ans ? Qui
ignore, ou fait semblant d'ignorer ,
que M. de Maupertuis est admiré
de tous les Sçavans qui ont lû ses
ouvrages ; aimé & estimé de nous
autres , chéri de tous ceux qui vivent

avec lui, diftingué à la Cour, & fa-
vorifé du Roi plus qu'aucun autre
Sçavant?

Je ne plains pas notre Préfident;
il a de commun avec tous les grands
hommes d'avoir été envié, & d'a-
voir réduit fes ennemis à inventer
contre lui des abfurdités : mais je
plains ces malheureux Ecrivains qui
s'abandonnent infenfément à leurs
paffions, & que leur méchanceté
aveugle au point de trahir en même
tems leur frivolité, leur fcélératelle
& leur ignorance.

Mais quel tems penfez-vous, M.
que ces gens ont pris pour attaquer

notre Préſident ? Vous croyez ſans doute qu'en braves champions ils l'ont provoqué au combat pour ſe battre à armes égales ? Non, M. apprenez à connoître la lâcheté & l'indignité de leur caractère; ils ſçavent, (& c'eſt un deüil pour nous,) que M. de Maupertuis eſt depuis ſix mois attaqué de la poitrine, qu'il crache le ſang, qu'il a de fréquentes ſuffocations, que ſa foibleſſe l'empêche de travailler, qu'il eſt plus près de la mort que de la vie; que les larmes d'une Epouſe qui le chérit, & les regrets de tous les gens de bien l'attendriſſent : voilà le moment qu'ils choiſiſſent pour lui plonger (ſelon qu'ils le croient) le poignard dans le cœur. A-t'on jamais vû une action plus malicieuse, plus lâche, plus infâme ? A-t'on jamais oüi parler d'un brigandage plus affreux ? Quoi ! un homme de lettres illuftre, dont les paroles n'ont jamais bleffé perfonne , dont la plume a même refpecté fes ennemis, lorfqu'il eft prêt à rendre les derniers foupirs, & qu'il ne lui refte ainfi qu'à tous les gens de bien que la confolation de laiffer après lui une réputation bien établie, apprend qu'on l'attaque , qu'on le perfécute, qu'on le calomnie : on voudroit le conduire au tombeau avec la douleur & le défefpoir d'être fpectateur à fon dernier moment de fa flétriffure & de fon opprobre ; on

voudroit lui entendre dire : » A quoi
» m'a fervi cette vie pure & fans ta-
» che que j'ai menée ? A quoi m'ont
» fervi ces veilles laborieufes que je
» dévouois au public , mes travaux
» litteraires , les fervices que j'ai ren-
» dus à cette Académie , & ces Ou-
» vrages qui devoient me mener à
» l'immortalité , fi mes cendres de-
» viennent l'objet du mépris , par les
» taches dont on veut couvrir ma ré-
» putation, & fi je ne laiffe en heritage
» à ma famille que ma honte & mon
» déshonneur ? » Mais non, M. les ennemis de M. de Maupertuis l'ont mal
connu ; il méprife leur fureur impuif-
fante, & la leur pardonne: trop Philo-
fophe pour fe laiffer ébranler felon

le caprice de ſes ennemis, & trop Chrétien pour conſerver dans ſon cœur des ſentimens de vengeance, à peine a-t-il entendu les cris de leur rage ; & en ſanté même, il n'y auroit pas répondu.

Si l'amour de la gloire bien entendu eſt le premier mobile des grandes ames, ſi ce principe eſt ſi fécond en belles actions & en vertus rares & ſinguliéres pour le bien du monde, ne doit-on pas regarder comme des perturbateurs du bien public, comme des gens plus dangereux que des aſſaſſins, ceux qui tâchent de ravir aux grands hommes une gloire juſtement acquiſe? Et que deviendra cette

noble ardeur qui porte aux grandes chofes par l'appas de cette legère
récompenfe, fi l'on fouffre des com-
plots de fcélerats affociés pour la ravir à ceux qui en font en poffeffion?

Voyez comme les ennemis de M.
de Maupertuis fe font trompés; ils
ont pris l'envie, pour l'émulation;
leurs calomnies, pour des vérités; le
defir de perdre un homme, pour fa
ruine réelle, l'efpérance de le réduire
au défefpoir, pour la fin défaftreufe
de fa vie; & leur folie, pour la méchanceté la mieux ourdie. Qu'ils
apprennent enfin, qu'ils fe font abu-
fés dans leur deffein & dans leurs
conjectures; & que s'il y a des gens

[22]

aſſez lâches pour oſer calomnier de
grands hommes, il s'en trouve enco-
re dans ces tems d'aſſez vertueux
pour les défendre.